READING POWER
En Español

Sammy Sosa
Bateador de home runs

Rob Kirkpatrick

Traducción al español
Mauricio Velázquez de León

The Rosen Publishing Group s
Editorial Buenas Letras™
New York

1

Para mi padre.

Published in 2002 by The Rosen Publishing Group, Inc.
29 East 21st Street, New York, NY 10010

Copyright © 2002 by The Rosen Publishing Group, Inc.

First Edition in Spanish 2002
First Edition in English 2001

Book Design: Michael de Guzman

Photo Credits: p. 5 © Jonathan Daniel/Allsport; p. 7 © Michael Zito/SportsChrome USA; p. 9 © Steve Woltman/SportsChrome; p. 11 © Reuters/Adrees A. Latif/Archive Photos; p. 13 © Janice E. Rettaliata/Allsport; pp. 15, 22 Vincent Laforet/Allsport; p. 17,19 © Rob Tringali Jr./SportsChrome; p. 21 © Sporting News/Archive Photos.

Text Consultant: Linda J. Kirkpatrick, Reading Specialist/Reading Recovery Teacher

Kirkpatrick, Rob.
    Sammy Sosa: bateador de home runs / by Rob Kirkpatrick: traducción al español Mauricio Velázques de León.
        p. cm.— (Reading Power)
    Includes bibliographical references and index.
    ISBN 0-8239-6114-1 (alk. paper)
    1. Sosa, Sammy, 1968— Juvenile literature. 2. Baseball players— Biography— Juvenile literature. [1. Spanish language materials.] I. Title. II. Series.

GV865.S59 K57 1999
796.357'092–dc21
[B]

Manufactured in the United States of America

Contenido

Sammy Sosa juega béisbol. Él juega en los Cachorros de Chicago.

5

Sammy usa un guante para atrapar batazos elevados en el jardín.

7

Sammy es el número 21 en los Cachorros.

9

Sammy se pone feliz
cuando gana su equipo.
Choca las manos con los
otros jugadores para
celebrar que su equipo
ha ganado.

11

Sammy jugaba con los Medias Blancas de Chicago. A Sammy le gustaba mucho batear para aquel equipo.

Mark McGwire es amigo de Sammy. Mark juega en los Cardenales de San Luis.

15

Sammy batea muchos jonrones *(home runs)*. En 1998 Sammy bateó 66 jonrones.

17

A Sammy le gusta batear.
Puede batear la bola muy
lejos.

19

A la gente le gusta la sonrisa de Sammy.
Él hace felices a muchas personas.

21

La familia de Sammy lo quiere mucho. Sammy disfruta cuando van a verlo a sus partidos.

Si quieres leer más acerca de Sammy Sosa, te recomendamos estos libros:

Sammy Sosa
by Richard Brenner
William Morrow & Company (1999)

Sammy Sosa
by Laura Driscoll, illustrated by Ken Call
Grosset & Dunlap (1999)

Para aprender más sobre béisbol, visita esta página de Internet:

http://CNNSI.com/

Glosario

batazo elevado Una bola que se ha bateado muy arriba en el aire.

chocar las manos Algo que hacen los jugadores para celebrar con un amigo o compañero de equipo .

manopla (la) Guante que usan los beisbolistas para atrapar la pelota.

jardín (el) Campo abierto. El lugar del campo de béisbol donde juegan los jardineros (derecho, central e izquierdo).

jonron / home run Cuando un jugador batea la pelota fuera del campo y corre alrededor de las cuatro bases.

Índice

Número de palabras: 139

Nota para bibliotecarios, maestros y padres de familia

Si leer es un reto, ¡Reading Power en español es la solución! Reading Power es ideal para lectores hispanoparlantes que buscan un nivel de lectura accesible en su propio idioma. Ilustrados con fotografías, estos libros presentan la información de manera atractiva y utilizan un vocabulario sencillo que tiene en cuenta las diferencias lingüísticas entre los lectores hispanos. Relacionando claramente texto con imágenes, los libros de Reading Power dan al lector todo el control. Ahora los lectores cuentan con el poder para obtener la información y la experiencia que necesitan en un ameno formato completamente ¡en español!

Note to Librarians, Teachers, and Parents

If reading is a challenge, Reading Power is a solution! Reading Power is perfect for readers who want high-interest subject matter at an accessible reading level. These fact-filled, photo-illustrated books are designed for readers who want straightforward vocabulary, engaging topics, and a manageable reading experience. With clear picture/text correspondence, leveled Reading Power books put the reader in charge. Now readers have the power to get the information they want and the skills they need in a user-friendly format.